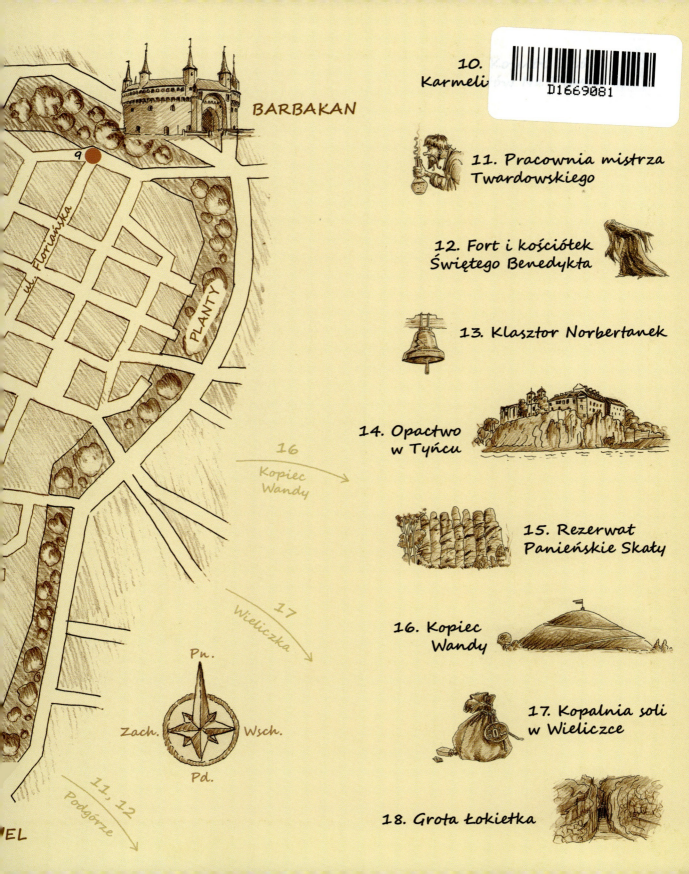

Bogusław Michalec

Legendarny Kraków

Podania, legendy i opowieści Królewskiego Miasta

Wydawnictwo AKSJOMAT
Kraków 2010

Ilustracje:
Artur Nowicki

Zdjęcia:
Fotolia, Shutterstock, BE&W Agencja Fotograficzna, www.wawel.net, Renata Lorenc

Redakcja:
Anna Podgórska
Agnieszka Bator

Opracowanie graficzne:
Aleksandra Szabla

Korekta:
Beata Karlik

ISBN 978-83-7118-858-9

©Wydawnictwo AKSJOMAT
30-048 Kraków, ul. Czapińskiego 3
tel. 12 633 70 22
e-mail: marketing@aksjomat.com
www.aksjomat.com

SPIS TREŚCI

SMOK WAWELSKI 5

KRÓLOWA JADWIGA 11

HEJNAŁ MARIACKI 15

O WŁADYSŁAWIE ŁOKIETKU 19

O SOLI WIELICKIEJ 23

O PANNACH ZWIERZYNIECKICH 25

LEGENDA O WANDZIE 29

O WALGIERZU Z TYŃCA 35

GOŁĘBIA DRUŻYNA 41

CZARNA DAMA 45

O KRZYSZTOFORSKICH LOCHACH 51

PAN TWARDOWSKI 57

DZWON Z KLASZTORU NORBERTANEK 63

LAJKONIK 67

ZEMSTA CZAROWNICY 69

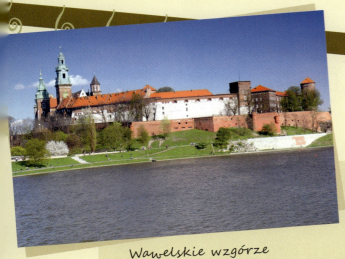

Wawelskie wzgórze od strony Wisły

Smocza Jama

Niewiele legend tkwi w nas równie mocno, jak ta o smoku wawelskim. Smoki w ogóle są wdzięcznym tematem do bajań, a jeśli jeszcze przedstawicielowi owego mitycznego gatunku zdarzy się zamieszkać w miejscu tak niezwykłym, jak podnóże Wawelu, to popularność legendy jest sprawą oczywistą.

Smocza Jama — czyli pieczara, a raczej kilka pieczar znajdujących się pod wawelskim wzgórzem — z czasem została przejęta we władanie przez człowieka. Przez pewien czas była zamieszkiwana, była w niej również gospoda dostarczająca królowi dochodów, przeznaczonych ponoć na utrzymanie służby. Dzisiaj jaskinię można zwiedzać, przebywszy wcześniej 135 stopni dość ciasnych i stromych schodów. Uwaga! Nie ma zniżek dla szewców!

Smok do dziś stoi przed Smoczą Jamą. Nieco może bardziej wychudły od oryginalnego stwora sprzed wieków, ale zieje ogniem całkiem jak tamten.

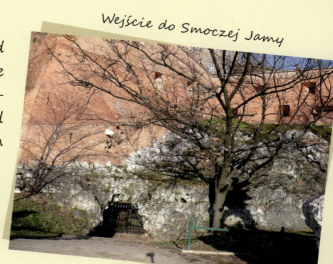

Wejście do Smoczej Jamy

Smok wawelski

Dawno, dawno temu, kiedy kraj pokrywały gęste puszcze, w jamie u stóp wawelskiego wzgórza zamieszkał okrutny smok. Skarżyli się ludzie królowi, przed obliczem jego z płaczem stawali. Król Krak obiecał pomoc i już tego samego dnia rozkazał posłańcom, by wieść przez świat nieśli, że rycerz, który pokona potwora, otrzyma w nagrodę siódmą część królewskiego skarbca i córkę króla za żonę.

Cztery dni zaledwie minęły i już do zamku zgłosił się pierwszy śmiałek, w zbroję czarną odziany i w miecz potężny zbrojny. A miecz ów taki ciężar miał, że trzech dworzan królewskich, by go unieść, siły swe musiało połączyć. Wypoczął w gościnnych komnatach czarny rycerz i nazajutrz ruszył na spotkanie ze smokiem. Miecz ważył w swej dłoni, a zdawać się mogło, że patyczek lekki dzierży, taką miał siłę. Podszedł pod jamę smoka i trzy razy uderzył mieczem w czarną tarczę, taki łoskot czyniąc, że ptactwo wszelkie zamilkło, a wilki w puszczy trwożnie uszy skuliły.

Z jamy smoka dym poszedł. Zwierz okrutny przebudził się widać i oddechem siarki pełnym odetchnął. Wypełznął też zaraz ze swojej kryjówki. Jego pazury drapały skalne podłoże, aż iskry szły na boki. Ale nie przeląkł się czarny rycerz. Ruszył do boju, nie zważając, że trawy wokół niego goreją od smoczego oddechu, a zbroja parzyć zaczyna. Zgrabnie skoczył, cios pierwszy celnie zadał, ale cóż — miecz od łusek się odbił, jakby nie z żelaza wykuty był. Nie wygrał walki czarny rycerz. Cóż robić, czekano dalej na następnego śmiałka, który smoka pokona.

Przyjechał też rycerz na koniu białym, wysoki mąż z kopią zrobioną z całego pnia drzewa: od korzeni aż po czubek korony. Dziwowali się ci, co widzieli go jadącego, jak unieść taki ciężar zdołał, jak radzić sobie z taką kopią można. Nie powiedział nic rycerz na białym koniu, tylko kopię z ręki do ręki przerzucił i potrząsnął nią, jakby śmierć rychłą dla smoka zapowiadając. Szmer podziwu przez zebrany tłum przeszedł, lud z nadzieją nową na śmiałka popatrzył. A rycerz pokłonił się nisko królowi i, nie czekając, ku smoczej jamie ruszył. Kiedy już blisko smoczego gniazda podjechał, pognał konia do galopu i kopię ku przodowi skierował. Smok jednak, bokiem się ustawiwszy, ogonem machnął i jeźdźca wraz z koniem między skały odrzucił, kopię łamiąc na dziewięć kawałków. I znów żałoba na zamku, znów wyczekiwanie na śmiałka, który pokonać potwora by zdołał.

Jeszcze gorzej odtąd zaczęło dziać się w tej krainie. Smok, jakby drwiąc z bezsilności, na coraz zuchwalsze czyny sobie pozwalał. W biały dzień na łowy wyruszał, palił ogniem smoczym wioski i już nie tylko bydło i owce, ale ludzi także na pożarcie porywał.

Nie miał już lud nadziei żadnej, a sam król coraz częściej w bezsenne noce po dziedzińcu zamkowym się przechadzał, z głową ku ziemi opuszczoną.

Pewnego dnia, kiedy słońce dopiero wybierało się na wędrówkę po niebie, zjawił się na zamku młody chłopak, który na szewca się uczył u starego majstra.

Nie chciała go straż przed oblicze królewskie dopuścić, ale zawziął się szewczyk i swego dopiąć postanowił. Powtarzał wciąż, że tylko królowi zamysł swój wyjawi, tylko władcy zdradzi swój sekret.

— Jaki zamysł? — dopytywał się dowódca straży, aż wreszcie machnął ręką, przepuścić chłopca kazał, rzekł tylko, by kilka godzin odczekał, bo król w nocy nie sypia i być może świtem udało mu się oko zmrużyć. Pokornie czekał młody szewczyk. Doczekał się wreszcie, na komnaty królewskie go poproszono. Do stóp władcy padł i szepnął:

— Wiem, jak zabić smoka niegodziwego, miłościwy panie...

Król słuchał z uwagą, brodę na palec zakręcał, raz jeden nawet z podziwem na szewczyka spojrzał. Wreszcie pogłaskał go po głowie i rzekł:

— Dobrze. Idź, zamiar swój wykonaj. I choć rycerzom dzielnym zabić potwora się nie udało, to może ty tego dokonasz. Kto wie, kto wie...

Nazajutrz na dziedzińcu zamkowym rozpoczęto wielkie szycie. Szyto, szyto, szyto, aż uszyto wielkiego barana ze skór owczych, z drewnianymi nogami i rogami zrobionymi ze skóry wołowej, a do wnętrza niezwykłego stwora zapakowano wielkie ilości siarki i trocin.

Kiedy zapadł zmrok, zaciągnięto przynętę pod smoczą jamę.

Przez całą noc nic się nie wydarzyło. Dopiero rano ryk okrutny zbudził szewczyka i śmiałków, którzy pomoc w ciągnięciu wielkiego barana pod siedlisko potwora ofiarowali. Smok wytoczył się z czeluści jaskini.

Pochowani za skałami ludzie wyraźnie widzieli złe, krwawe oczy potwora w barana wlepione.

Wprawnym ruchem pyska smok barana w górę podrzucił i, paszczę rozchyliwszy, połknął go łapczywie. Buchnęły płomienie z pyska jaszczurczego! Ogień wielki rozgorzał we wnętrznościach potwora. Rycząc przeraźliwie, zawlókł się smok nad Wisłę. Zaczął wodę pić, by płomienie w brzuchu swym ugasić i cierpieniu ulżyć. Pił długo, zanurzony w falach wiślanych...

Pękł wreszcie od wody nadmiaru, a wszyscy, co to widzieli, długo jeszcze w snach scenę tę ze strachem oglądali.

Taki był koniec smoka okrutnego, co lud gnębił i wiele złego królestwu uczynił. A szewczyk, dzięki któremu potwora pokonano, dworzaninem został i córkę królewską za żonę pojął. Dziesięć dni trwało weselisko i — wierzcie albo nie wierzcie — ja też tam byłem i smak królewskich miodów weselnych poznać mi było dane.

Kościół Karmelitów

Blisko stąd do centrum miasta; wystarczy przejść spacerkiem ulicą Karmelicką, a po chwili dotrze się na Rynek. Można powiedzieć, że kościół Karmelitów wprowadza nas w zwiedzanie Krakowa, jest zapowiedzią tych wszystkich wspaniałości, które za chwilę przyjdzie nam zobaczyć. Warto wejść do środka i poddać się nieco tajemniczemu urokowi świątyni.

Posąg Matki Boskiej z Dzieciątkiem na kopule wieńczącej dach bocznej kaplicy

Kościół stoi przy skrzyżowaniu ulic Garbarskiej i Karmelickiej

Według tradycji, budowa kościoła Na Piasku rozpoczęła się za panowania księcia Władysława Hermana w XI wieku. W rzeczywistości świątynia powstała później, około 1395 roku.

To, co widzimy dziś, jest efektem barokowej przebudowy. Jeśli staniecie po prawej stronie świątyni, na pewno zauważycie na zewnętrznej ścianie kaplicy kratę — osłania ona słynny kamień, w którym odcisnęła się stopa królowej Jadwigi. Kamienie Krakowa wyłaniają się z mgły legend, ucząc historii i zaświadczając o wielowiekowej tradycji tych miejsc.

Królowa Jadwiga

Mylą się daty, gdy myśli obiegają dawne zdarzenia... Złotnik opowiada...

Było to w 92, nie... W 91! Zaraz... Już wiem: było to w 90, 1390 roku, dokładnie pamiętam. Takie zlecenie nie trafia się co dzień — sprzączka do bucika samej królowej! Pracowałem nad tym dziełem przez dwanaście dni. Szlifowałem, gładziłem kształty, w złoto wtapiałem szlachetne kamienie. Dwunastego dnia na brzeżku klamry, dłutem cienkim niby włos, dałem napis: Jadwiga. Zadanie skończone. Jakiż byłem z siebie dumny! Nie, nie oddałem od razu zapinki. Ułożyłem ją na środku barwionej na czerwono deski, tak by promienie wstającego słońca zmieszały barwy złota, czerwieni i drogocennych kamyków. Patrzyłem... Posłaniec z dworu przyszedł przed wieczorem. Nie był zbyt rozmowny. Zawinął sprzączkę w koźlą skórę, zapłacił i wyszedł. Byłem trochę rozczarowany. Jak to? Żadnych zachwytów? Słów uznania droższych niźli sakiewka ze srebrno-czerwonym herbem? Cóż, trudno...

Płynęły dni, płynęły tygodnie. Wykonywałem swoją pracę; pod dotykiem moich rąk kruszec zmieniał się w delikatne łodyżki roślin, niedźwiedzie łapy, skrzydła motyla. Aż pewnego razu drzwi mojej izdebki otworzyły się i stanął w nich człowiek trzymający w dłoniach zawiniątko. Jego wierzchnie okrycie pozaszywane było łatami, a wydłużone buty zamiast nosków miały przyszyte kawałki kiepskiej skóry. Przybysz pochwalił Boga i nieśmiało wsunął się do izby. Powoli odwinął szmatkę. Z moich ust wyrwał się krzyk. To, co zobaczyłem, dało mi pewność, z kim mam do czynienia. W zawiniątku leżała złota klamra z bucika królowej Jadwigi!

— Złodziej! — krzyknąłem i złapałem biedaka za kark. — Złodziej!

Nieborak próbował się wyrwać, ale moje ręce, mimo iż bardziej zwyczajne kruszcom i delikatnym narzędziom, trzymały go mocno.

— Puść mnie, panie! Nie jestem złodziejem! — skulił się i próbował zasłonić twarz przedramieniem. — Jestem kamieniarzem...

— Łżesz!

— Przysięgam!

— Skąd masz broszkę?

— Od pani naszej, miłościwej Jadwigi, królowej ukochanej!

Zaniemówiłem. Mógł kłamać, choć twarz miał szczerą i uczciwą.

— Opowiedz! — zażądałem.

— Budowaliśmy kościół, wiesz, panie, Na Piasku, piękny kościół... Niebogaty jestem, panie, tu i tam się wynajmuję, a jeszcze teraz, kiedy żona zaniemogła, a dzieci w domu czwórka, co robić mam, co począć? I tak, kamień gładząc, zamyśliłem się, wszystko to przed oczami mi się przesuwa, i nędza moja, i smutek. Zapłakałem cicho przy kamieniu gładzonym, łzy z oczu po twarzy na ten kamień prosto lecą, ot, ludzka dola, ludzki los.

Wtem głos słyszę: „Cóż ci to, człowieku dobry? Czemu płaczesz?". Myślę: Bóg się zlitował, anioła zsyła. Patrzę i rzeczywiście: anioł jak malowany. Twarz dobra i piękna, oczy cudnie niebieskie...

— I ona to była? Królowa?

— Ona! Cud się stał, wysłuchała królowa skargi. Od bucika klamrę odjęła, w dłoń mi położyła. „Weź — mówi — dzieci nakarm, żonę poratuj". Do nóg przypadłem, stopę królewską na głazie położoną całuję. Patrzę: a w głazie ślad stopy odciśnięty jak w fasce masła! Cud! Świętości znak!

Nie wierzyłem. Poszliśmy zatem na przedmieście, gdzie kościół budowano. Przyklęknąłem, ręką dotknąłem głazu. Prawdę mówił! Cud! Stopa królewska odznaczona w szarości kamienia...

Taką to moc od Boga daną miała nasza święta królowa Jadwiga. Do dziś dziękuję w modlitwach, żem jakiś udział miał w tej historii, bo to przecież zapinkę mojej roboty królowa kamieniarzowi ofiarowała.

Kościół Mariacki

Fasada kościoła Mariackiego w Krakowie

Nad krakowskim Rynkiem górują wieże kościoła Mariackiego. Nierównej wysokości, ujmują fasadę świątyni, jak para czuwających nad bezpieczeństwem strażników. Z wyższej wieży o pełnych godzinach rozbrzmiewa hejnał, jeden z symboli Krakowa. Przyjrzyjcie się uważnie bazylice. Zwróciliście uwagę, że ustawiona jest inaczej niż pozostałe zabudowania Rynku? Świadczy to o tym, że istniała tu wcześniejsza, drewniana świątynia, zbudowana prawdopodobnie jeszcze przed założeniem Krakowa — to na jej miejscu zbudowano dzisiejszy kościół.

Wystrój wnętrza to dzieło Jana Matejki i jego uczniów. I wreszcie docieramy do prawdziwego skarbu ukrytego w krakowskiej świątyni. Ołtarz Wita Stwosza! Rzeźbiony przez dwanaście lat, składa się z trzech części; tworzy go 200 figur oraz około 2 tysięcy rzeźbiarskich detali. Jest co podziwiać...

Część ołtarza głównego przedstawiająca zaśnięcie Najświętszej Marii Panny

Hejnał mariacki

W Krakowie na Rynku stoi, jak wiadomo, kościół Mariacki. W niebo wdrapują się jego dwie różne wieże. Jedna jest niższa, jakby nie mogła wspiąć się wyżej, dźwigając ciężar dzwonu. Z drugiej lecą w świat dźwięki hejnału. Dwie wieże... Dlaczego tak różne? Bo każda przez innego brata budowana... Starszy brat pierwszy dzieło ukończył i z zazdrością spoglądał na pracę młodszego, który wyższą wieżę miał zamiar postawić. Zaślepiony zawiścią wziął nóż i jak Kain zabił młodszego brata. Nikt już nie zagrażał jego sławie budowniczego, nikt większej wieży nie pobudował... Ale spokój sumienia bratobójca stracił bezpowrotnie. Wyszedł nocą na wieżę i, nękany wyrzutami, skoczył w ciemność... Choć za budową wież stoi zbrodnia, nie zburzono ich, zostawiając jako przestrogę przed ludzką pychą.

Wyższa wieża z koroną pełni również inną funkcję. Od wieków co godzinę trębacz odgrywa na niej hejnał, ale nigdy nie dogrywa go do końca. Melodia nagle przestaje płynąć, urywa się i ginie. Dlaczego tak jest, zapytacie. Na pamiątkę pewnego zdarzenia. Posłuchajcie...

Było to w czasach, kiedy Tatarzy bezkarnie ziemie polskie najeżdżali. Sandomierz wzięty i spustoszony. Polami ciągną gromady sznurami powiązane: brańców Tatarzy w jasyr pędzą. Hordy posuwają się dalej, ku Krakowowi. Gród znaczny i bogaty, chan na wielkie łupy liczy. Wywiadowcy przynoszą wieści o ruchach wojsk tatarskich. Nieprzyjaciel będzie pod murami miasta za dwa, trzy dni. To wystarczający czas, by przygotować obronę. Bo Kraków będzie broniony. To oczywiste.

Wszyscy do szykowania umocnień! Każda para rąk! Zostają tylko niezbędne straże. Choć nie, wystarczy trębacz. Trębacz, hej, trębacz! Na górę! Patrz z wieży wroga! Wszyscy rzucają się beczki ze smołą sposobić, piki ostrzyć, magazyny przeglądać. Nikogo na murach...

Ale Tatarzy inaczej wojują, wojny swe szybciej od innych prowadzą. Nie wiedzieli o tym obrońcy. Nie za trzy, nie za dwa dni, ale już dziś małe tatarskie koniki niosą złowrogich jeźdźców pod samo miasto. Ginie odgłos końskich kopyt wśród traw...

Sowa zamachała skrzydłami i padła od strzały. Mrok. Tatarzy idą! Przecież noc nie taka ciemna, oczy trębacza nie stare jeszcze... Dlaczego znaku nie daje, o wrogu nie ostrzega!

Tatarzy coraz bliżej, jeden do ust przytknął dłonie, jak puchacz zakrzyczał. Wtem ciszę rozdziera dźwięk trąbki — nie zawiódł strażnik jedyny, w porę wrogów wypatrzył!

Rzucają się krakowianie na mury. Jęk rannych ginie we wściekłym wrzasku Tatarów. A hejnalista gra. Już nie ostrzega przed niebezpieczeństwem, ale do boju zagrzewa, ducha dodaje. Tatarski łucznik przyklęka na jedno kolano, jednym ruchem wyciąga z przewieszonego przez plecy kołczanu strzałę. Napina łuk: szybko, z gniewem. Strzała pędzi ku górze, oko strzelca pewnie cel wypatrzyło. A hejnalista gra. Dźwięk się niesie nad ciżbą walczących. Nuta po nucie, jeszcze raz, jeszcze jedna...

Stop. Wieczna pauza. Pada trąbka z wysokości wieży, przekręcając się w locie jak figlarny ptak. Nie skończył trębacz swojego hejnału...

To na jego pamiątkę grany do dziś sygnał urywa się nagle — Kraków pamięta o swoim strażniku... Przecież dzięki niemu ocalał.

Ojców i Dolina Prądnika

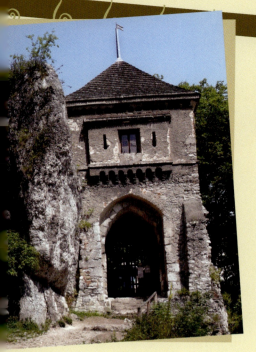

Ruiny XIV-wiecznego zamku w Ojcowie, wybudowanego przez Kazimierza Wielkiego na cześć jego ojca, Władysława Łokietka

A teraz czeka nas wycieczka za miasto. Odetchniemy od starych murów i bruku uliczek, za to zetkniemy się z niezwykłym krajobrazem ziemi ojcowskiej. Ojców położony jest około 20 kilometrów od Krakowa. Krótka przejażdżka i już możemy znaleźć się wśród uroczych dolin, wąwozów i leśnych zakątków Doliny Prądnika.

Gdy odwiedza się ojcowski zamek oraz malowniczą warownię w Pieskowej Skale, wystarczy zamknąć oczy, by przenieść się w przeszłość... W 1956 roku utworzony został Ojcowski Park Narodowy. Warto zanurzyć się w ten magiczny pejzaż, pełen skał, pieczar i przesłoniętych drzewami skalnych ostańców. Najsłynniejszymi z 450 jaskiń są Jaskinia Ciemna i Grota Łokietka.

Maczuga Herkulesa, ostaniec zwany również Sokolą Skałą

O Władysławie Łokietku

Było tak, że Łokietek, król postury małej, ale ducha wielkiego, za los dobry Bogu dziękując, kościół w Wiślicy pobudować kazał. Sprowadzono zaraz mistrza sławnego, który dzieła tego się podjął.

— Buduj — polecił król.

Po jakimś czasie przemknęły królewskie konie nad Nidą. Mury kościoła już z dala widać. Objeżdża Łokietek budowę dokoła i gniew mu zmarszczkę pionową na czole znaczy. Nie takiego kościoła oczekiwał, inaczej go sobie wyobrażał. Wszyscy twarzami do ziemi leżą, gniewu królewskiego się bojąc. Tańczy koń pod Łokietkiem.

— Kościół zburzyć, a budowniczy ma gardło dać!

Wola królewska święta, ale z drugiej strony budowniczy sławny, drugiego takiego ze świecą szukać... Trudno, sznur już zbrojni naszykowali.

— Czekajcie — powiada mistrz. — Ostatnie życzenie chcę wypełnić. Prosi o dłuto ciężkie i do głazu leżącego nieopodal przystępuje. Tu coś wykuje, tam przytnie: w dwie godziny podobiznę swą w kamieniu wyrzeźbił.

— Oto drugi ja — powiada do zbrojnych. — A teraz wybierajcie, którego powiesić chcecie.

Zawiesili kamienny wizerunek na kościele.

Wieczorem król wzywa dwóch zbrojnych przed swoje oblicze. Ręce z tyłu zaplecione, twarzy królewskiej nie widać.

— Wisi, najjaśniejszy panie — rzecze jeden z wojów.

Dni parę przeszło, wielki smutek Łokietka ogarnął.

— Cóżem przez gniew swój uczynił? Człowiek głowę dał za nic, ot, przez popędliwość moją.

Konia osiodłać kazał, pod kościół budowany pojechał. Świątynia — jeszcze nie zburzona — teraz nie taka zła się królowi wydaje. Patrzy, a tu człowiek jakiś młotem bloki skalne rozbija. W twarz mu Łokietek spogląda: toż to mistrz na powieszenie słowem królewskim skazany!

Uradował się król, widząc go żywego, bo to i grzechu przed Bogiem mieć nie będzie, i biegłego w swym rzemiośle człowieka zachować od śmierci się udało.

* * *

Inna opowieść wiąże się z czasami, kiedy w Krakowie bunt przeciw Łokietkowemu panowaniu wybuchł. Nie utrzymał Łokietek grodu. Nieprzyjaciel, wsparty przez mieszczan niechętnych polskiemu królowi, wdziera się w mury miasta. Uchodzić trzeba, nie ma innego ratunku. Król, przez zaufanych ludzi wiedziony, schronił się w klasztorze Franciszkanów. Wdział szary habit, zupełnie jak braciszek wygląda. Wzrok tylko inny, niepokorny, władcę może zdradzić. Spędził Łokietek wśród zakonników dzień cały, a nocą, zanim pogoń z mieczami do furty klasztoru przystąpiła, opuścili go braciszkowie w wielkim koszu za mury. Ruszył król przez lasy, by schronienie bezpieczne znaleźć. Szedł, a od ludności okolicznej dobroci zaznawał. Znalazł wreszcie jaskinię, w której kryjówkę sobie urządził. Miejsce to na pamiątkę tamtych dni nazwano Grotą Łokietka.

Rok trwało wygnanie króla, rok Kraków pozostawał w rękach buntowników. Ale Łokietek nie zapomniał krzywdy i stosowną liczbę wojska zebrawszy, o swoje upomnieć się ruszył. Wkrótce też wojnę wygrał, a nieprzyjaciół swych wygubił.

Po latach, by pamięć o wygnaniu króla Łokietka nie zaginęła, jego syn, Kazimierz Wielki, w pobliżu jaskini zbudował zamek i Ojcowem go nazwał. I nazwa ta aż do dziś przetrwała, a w niej dawnych dziejów wspomnienie.

Kopalnia Soli w Wieliczce

Kiedy mówimy, że za coś słono zapłaciliśmy, mamy na myśli drogi zakup. Były takie czasy, że pokłady soli oznaczały prawdziwe bogactwo! Możecie wyobrazić sobie radość króla, kiedy dowiedział się, że w sąsiadującej z Krakowem Wieliczce odkryto słone złoża. Wieliczka znana była początkowo pod łacińską nazwą Magnum Sal, co oznacza ,,wielką sól'' — wielicka ziemia skrywać musiała rzeczywiście pokaźne złoża minerału. Dochody, które uzyskiwano z wydobycia soli, stanowiły znaczną część budżetu całego państwa.

Sól stosowana jest do przyprawiania i konserwowania żywności

Ale skąd sól w Wieliczce? Legenda mówi, że w magiczny sposób złoża zostały przeniesione z Węgier, jednak naukowcy wolą teorię o wysychającym morzu, które przed milionami lat pokrywało tereny dzisiejszej Małopolski. Morska woda zniknęła, zostało białe, słone złoto...

Postać św. Kingi, wyrzeźbiona w soli, stoi w podziemnej kaplicy w kopalni

O soli wielickiej

Pewnego razu wysłano z Krakowa poselstwo na dwór węgierskiego króla Beli. Celem dyplomatycznego wyjazdu było omówienie planowanego ożenku księcia Bolesława Wstydliwego z węgierską królewną — Kingą. Ponieważ związek ten nie był tylko kwestią uczuć przyszłych małżonków, ale sprawą wagi państwowej, przedyskutować należało warunki i korzyści dla kraju z małżeństwa płynące. Kinga w wianie otrzymała sól, z której słynęła w tym czasie węgierska kraina. Lecz jak zabrać sól do Krakowa?

— Wrzuć do solnego szybu swój złoty pierścień, pani. Odnajdziesz go w odpowiednim miejscu i czasie — poradził jej stary przyjaciel ojca, mędrzec Bernard. — Zobaczysz, we właściwej chwili przypomnisz sobie moje słowa.

Kinga postąpiła zgodnie z zaleceniem.

Przybywszy do Krakowa, wkrótce po ślubie, rozpoczęła objazd włości swego małżonka. Dwór Bolesława i Kingi zatrzymał się w Wieliczce. Kiedy ustawiono namioty i puszczono na popas konie, księżna przypomniała sobie słowa starego mędrca. We wskazanym przez Bernarda miejscu rozkazała wykopać dół. Już po chwili wyciągnięto wielką białą bryłę.

— Sól — wyszeptała zdziwiona Kinga.

A kiedy przepołowiono solny blok, w jego środku odnaleziono złoty pierścień węgierskiej księżniczki.

I tak oto skarb węgierskiej ziemi zawędrował z księżną Kingą pod Kraków, do Wieliczki, by stać się dobrodziejstwem dla całego królestwa.

Panieńskie Skały

W zachodniej części Krakowa, na terenie Lasu Wolskiego, jednego z największych parków leśnych w Europie, znajduje się rezerwat nazywany Panieńskimi Skałami. Formy skalne, które zamykają Wolski Dół, przypominają bramę, bielącą pośród bukowego lasu. To wspaniałe miejsce na niedzielne spacery — warto wybrać się tu, by odpocząć od miejskiego zgiełku.

Wiosenne kwiaty — zawilce — w Lasku Wolskim

Podobno pod skałami znajduje się ukryta komnata ze stołem, wokół którego gromadzą się norbertanki, by odmówić codzienną modlitwę. Ale nawet jeśli nie uda się spotkać postaci z legendy, to i tak wycieczka do Panieńskich Skał z pewnością będzie bardzo ciekawa.

Rezerwat Panieńskie Skały

O Pannach Zwierzynieckich

Pożar rozszalał się nad grodem, okrył go złowróżbnym płaszczem. Skaczą płomienie na tle nieba, jakby i jego granat rozpalić chciały... Kraków płonie! Kraków pod nożem tatarskim woła o ratunek!

Tatarzy nie oszczędzają nikogo. Palą i mordują. Nie zna litości ten lud barbarzyński: do miasta się wdarł i porządki swoje zaprowadza. A jego znakiem jest ogień, który straszną noc rozjarza! Roku Pańskiego 1241 Kraków, jako i inne miasta, nie oparł się tatarskiej nawałnicy. Jeszcze tylko Wawel się broni, jeszcze z kościoła św. Andrzeja obrońcy strzały wypuszczają, jeszcze resztką sił warowny klasztor Norbertanek opiera się wrogowi. Coraz mniej liczni są obrońcy w klasztorze zamknięci, co rusz któryś strzałą ugodzony pada, niechybnie klasztor los miasta podzieli. Tatarzy na mury się wspinają, chciwości gorączka rozpala ich głowy. Skarby! Skarby!

Narada trwa w klasztornych murach.

— Siostry uchodzić muszą — postanowiono.

Obrońcy na murach zatrzymają Tatarów tak długo, na jak długo rzekę rwącą da się powstrzymać lub wicher gwałtowny, burzowy, pochwycić i spętać. Klęska nieunikniona, ale można jeszcze rozmiary jej zmniejszyć i głowy zakonne przynajmniej ocalić.

— Lochami pójdziemy — rzekła przełożona. — Za klasztor nas wywiodą, tam, gdzie wróg nas nie dosięgnie...

— Przedrzeć się nimi można?

— Można. Tunele dawno drążone, ale dobre jeszcze. A zresztą — czy inne wyjście jest możliwe?

Pokiwali wszyscy głowami, opieki niebios prosząc przy ucieczce.

Czasu mało, Tatarzy bramę już szturmują i rychło do wnętrz klasztornych się wedrą. Dzielnie bronią się wojowie, ciałami własnymi wejście do klasztoru zasłaniając. Na nic ich ofiara, na nic bohaterstwo. Przebili się już Tatarzy, krwią się barwią mury.

— Prędko! Do podziemi!

Zniknęły siostrzyczki zwierzynieckie w lochu tajemnym, mrok już je bezpiecznie otula jak czarna opończa.

Ale oto i Tatarzy przejście do tunelu wiodące odnaleźli. Ruszyła pogoń!

— Pomóż nam, Panienko Przenajświętsza! Zmiłowania się dopraszamy!

Migają cienie Tatarów na ścianach lochów, chybotliwe światło pochodni ożywia kształty upiorne. Nie uciekną Panny Zwierzynieckie, skok jeszcze, dwa, trzy i już je Tatarzy pochwycą!

— Pomóż nam, Panienko Przenajświętsza! Zmiłowania... — modlą się.

I oto cud się dzieje, zakonnice w kamienie się przemieniają! Znikają jedna za drugą, a tam, gdzie przed chwilą jeszcze habit było widać, teraz skała wyrasta! Wysłuchała modlitw rozpaczliwych Najświętsza Panna, od tatarskiej niewoli siostrzyczki wybawić zechciała.

Skały te i dzisiaj oglądać można, od mniszek, Panien Zwierzynieckich, zwane Panieńskimi.

Kopiec Wandy

W Krakowie są cztery kopce: Wandy, Krakusa, Kościuszki i Piłsudskiego. Każdy jest inny i inną ma historię. Dwa pierwsze są prastare, legendarne. Na północy Krakowa, w sąsiedztwie nowohuckiego kombinatu, wznosi się jeden z nich: kopiec poświęcony legendarnej królewnie — Wandzie.

Kopiec Wandy nie jest wysoki — to zaledwie 14-metrowe wzniesienie mające za podstawę koło o 50 metrach średnicy. Powstanie kopca tłumaczy legenda o bohaterskiej Wandzie, która rzuciła się w wiślane fale, odmawiając ręki niemieckiemu księciu. Tajemnicze wzniesienie miało zostać usypane na jej cześć.

Pomnik orła na szczycie kopca Wandy

Prawda historyczna może być jednak zupełnie inna. Kopiec został wzniesiony przypuszczalnie w VII wieku. Niektórzy badacze wiążą jego powstanie z Celtami, którzy przez jakiś czas przemieszkiwali w Małopolsce. Być może kurhan jest pozostałością po celtyckich osadnikach? Na wierzchołku kopca stoi pomnik Wandzie poświęcony, z białym orłem na szczycie. Zaprojektował go Jan Matejko, chcąc w ten sposób legendarną królewnę uczcić i pamięć o niej przekazać kolejnym pokoleniom.

Kopiec Wandy

Legenda o Wandzie

Połyskuje na kopcu Wandy biały orzeł, według projektu samego Jana Matejki wykonany. Pomnik wystawiono w 1890 roku, by przypominał o polskim bohaterstwie i o starej historii tych ziem. Sam kopiec za mogiłę legendarnej księżniczki jest uważany, tej samej Wandy, która nie chcąc dopuścić do zaślubin z niemieckim księciem, w fale Wisły się rzuciła.

A historia cała, niedomówień i domysłów pełna, tak się przedstawia...

Wanda rządy w królestwie objęła i — choć niektórzy nie wróżyli jej pomyślności, bo przecież niewiastą słabą była, bardziej do prac domowych, niźli władania krajem nawykłą — panowanie jej sprawiedliwym i dobrym się okazało. Chwalili Wandę poddani, a sąsiedzi rozwagę i dzielność doceniali, szacunkiem obdarzając. Nie zabrakło jednak i takich, którzy sprawdzić męstwo krakowskiej władczyni chcieli. Niemiecki książę kraj najechał, na Kraków z wojskiem swym prąc. A im bliżej królewskiego był grodu, tym śmielsze warunki kapitulacji przez gońców słał.

„Jam jest Rydygier, książę ziem zachodnich, pan i rycerz nieustraszony! Poddaj gród, albo wygubię tych, którymi władasz, a ciebie w niewolę wezmę i korony pozbawię, sam na tronie twym zasiadając!" — domagał się.

Ale Wanda zaciskała tylko usta, o kapitulacji nie myśląc. Tych, którzy układać się z Rydygierem potajemnie zamierzali, do lochu wtrącała, głosząc przy tym, że kto zdrady się dopuści, na przebaczenie liczyć nie może. A wojska wrogie szły i szły, paląc domostwa i niszcząc uprawy...

Kiedy już pod Krakowem armia Rydygiera stanęła, wysłał niemiecki wódz ostatniego posłańca.

— O pani — rzekł młodzian z niemieckiego przybyły obozu. — Książę Rydygier za żonę pojąć cię chce. A jeśli ręki swej mu odmówisz, na gród natrze jutrzejszym świtem, by śmierć i zniszczenie siać.

Wieść rychło się po królestwie Wandy rozeszła.

— Niechaj mężem go swoim uczyni — mówili jedni. — Kraj uda się ocalić, a i przymierze z zachodnim księciem to okazja nie do pogardzenia.

Ale wnet zakrzykiwali ich inni:

— Nikt do takiego ożenku przymuszać Wandy nie może! Honoru swego będziemy bronić, choćby w tym boju i głowę pod miecz położyć przyszło.

Długą naradę odbyła Wanda ze swoimi zaufanymi.

— Cóż czynić? — pytała, gdyż ceniła zdanie swych doradców.

Nikt jednak odpowiedzi jasnej dać jej nie potrafił. Bo i cóż mógłby odpowiedzieć? I tak źle, i tak niedobrze, o nieszczęśliwa królewno!

— Milczycie... — zasępiła się Wanda. — Dobrze więc. Sama decyzję podejmę, jeśli na was liczyć żadną miarą nie mogę... Jeść dajcie posłańcowi, niech czeka na odpowiedź.

W obozie najeźdźców zapłonęły ognie, wojsko posilało się przed spodziewanym bojem. Rydygier zaś zaciskał palce, by lepiej znieść niepokój, który pojawia się, gdy na coś ważnego czekamy.

Nareszcie jest posłaniec! Wszedł krokiem niepewnym, z głową pochyloną, więc z twarzy nic się wyczytać nie dało. Skinął dłonią Rydygier, by zalękniony człeczyna zbliżył się do niego.

— Dobre czy złe wieści? — zapytał książę stłumionym głosem.

— I dobre, i niedobre, szlachetny panie! — wyszeptał posłaniec.

Rydygier twarz swą do twarzy sługi przybliżył.

— Nie kpij ze mnie, człowieku, jeśli ci życie miłe! Mów!

— Dziś, panie, zobaczysz wybrankę. Słowo dała, że tak się stanie.

— To dobre wieści — skinął głową niemiecki książę. — A teraz złe mi przedstaw, ale pilnie, byś owoców gniewu mojego nie musiał zasmakować!

Posłaniec do stóp Rydygierowi upadł.

— Przekazać Wanda poleciła, że żoną twoją nie zostanie i nawet jeśli życie przyjdzie jej stracić, to od postanowień swoich odstąpić nie zechce.

Odwrócił się Rydygier od posłańca, by ten twarzy jego ujrzeć nie mógł.

— Kimże ona jest, za kogo się ma, że tak rozmawiać ze mną się waży...

Ale w głosie jego nie tylko złość słychać. Jest i podziw dla tej, która potrafiła odrzucić Rydygierowe ultimatum.

— Dziś jeszcze ją zobaczę, mówisz...

— Dziś, panie...

— Wszak jutro szturm przypuścić mamy...

— Tak powiedziała Wanda: „dziś jeszcze Rydygier mnie zobaczy" — zakończył posłaniec.

Krzyki jakoweś rozmowę przerwały. To straże, które brzeg rzeki patrolowały, nawoływać wszystkich ku sobie poczęły.

— Cóż jest? — spytał Rydygier pierwszego napotkanego woja.

— Mówią, panie, że ciało jakieś z Wisły wyłowiono...

Ruszył Rydygier ku rzece. Im bliżej Wisły był, tym większy niepokój serce jego ogarniał... Czyżby...

Ciało królewny Wandy spoczywało na rękach woja, który pierwszy je, w falach zanurzone, dostrzegł.

— Dziś jeszcze mnie zobaczy... — wyszeptał Rydygier słowa królewny.

Nazajutrz wydano ciało Wandy obrońcom i od ataku odstąpiono. Wycofał się Rydygier spod Krakowa, a gdy jechał, strażą otoczony, ukradkiem do serca przyciskał to, co przy dzielnej królewnie znalazł — srebrny wisior, orła w locie przedstawiający. Orła wolnego, dumnego, który kajdan żadnych narzucić sobie nigdy nie pozwoli, choćby za to umiłowanie wolności życie w ofierze oddać musiał.

Tyniec

Benedyktyński klasztor na skale w Tyńcu

Z białych skał wyrastają klasztorne mury i przeglądają się w wodach Wisły. Od Krakowa dzieli Tyniec dwanaście kilometrów. Zresztą, administracyjnie podkrakowska wioska już dawno została włączona w obręb miasta. Nazwa „Tyniec" prawdopodobnie od słowa „tyn" się wywodzi, używanego w języku staropolskim na oznaczenie muru. Nazwa pasuje do miejsca, bo Tyniec jest siedzibą zakonu benedyktynów, którzy mieszkają za klasztornym murem. W średniowieczu benedyktyni słynęli z cierpliwego, dokładnego przepisywania ksiąg — stąd powiedzenie o benedyktyńskiej pracy, odnoszące się do czynności wyjątkowo żmudnej.

Dziś w klasztorze prace nad księgami wciąż trwają, bowiem zakonnicy prowadzą wydawnictwo. Kiedy opuścimy już klasztorne mury, możemy podumać o losach innego mieszkańca tych okolic, Walgierza, zwanego Wdałym. Smutna to historia, ale i takie zdarzały się na tynieckiej ziemi...

Rycerska zbroja

O Walgierzu z Tyńca

Walgierz, choć panem był na Tyńcu, sławę poza ojczyzną zdobył. Potężnym stał się rycerzem, o sławie wielkiej, którą wojenne wyprawy i liczne pojedynki ugruntowały. Śpiewano o nim pieśni, bajdy snuto, w których przygody tynieckiego rycerza sławiono, za wzór młodzieży stawiając.

Rozmiłowany w żołnierskim rzemiośle Walgierz o miłość nie dbał, uczuciom dostępu do serca swego wzbraniając. Ale miłość to ptak, który swoimi drogami szybuje i praw mu nie narzucisz, okowami go nie spętasz. Jeśli zechce i do ciebie przyfrunie, odmieniając twoje życie, a o zdanie cię pytać nie będzie, ni rad twoich zasięgać.

Tak i z Walgierzem było. Przybył Walgierz do zamku króla Franków, by w rycerskim turnieju na kopie z najdzielniejszymi się mierzyć. Dzwonią już kopyta koni na zamkowym dziedzińcu, błyszczą zbroje, pióropusze na wietrze się rozwiewają, barwy różnorakie mu nadając. Ruszył Walgierz do boju, kopię mocno przytrzymując.

Po krużgankach szmer przeszedł... Kto zwycięży? Starli się rycerze, trzasnęły kopie jak drewienka z łatwością przełamane. Powstali z miejsc widzowie... Cóż widać? Jaki zwycięzca z kurzu końskimi kopytami wzbudzonego się wyłoni?

Oto i jest! Walgierz z Tyńca! Do króla podszedł, skłonił się... Śledzą postać dzielnego rycerza oczy białogłów... Ale on jedno tylko spojrzenie z tłumu wyłapuje, jednych tylko oczu szuka... Panna piękna, o licach alabastrowych i oczach błękitnych w sercu Walgierza zamieszkała. Pięć pojedynków wygrał Walgierz na dworze króla Franków, pięć razy spojrzenie pięknej panny chwytał oczami swymi. Nigdy wcześniej uczucia takiego nie znał. Obce mu były noce bezsenne, ciężkie, kiedy się imię swej miłości wyszeptuje. Ośmielił się wreszcie rycerz, który przecież strachu ni w bitwie, ni w pojedynku nigdy nie okazywał, ośmielił się i do stóp ukochanej padł, błagając, by żoną jego zostać zechciała. I zgodziła się piękna panna, i on stał się jej mężem, a ona jego żoną.

Piękniejszych chwil w życiu swym Walgierz nie zaznał. Powrócił z żoną do ziemi swojej: spacery długie w noce tynieckie księżycem srebrzone, pocałunki, opowieści słowami pięknymi wypełnione. Ach, byłby najszczęśliwszym z ludzi, gdyby to wszystko trwać w nieskończoność mogło...

Niestety, ruszyć miał Walgierz na nową wyprawę w kraje odległe, by tam swym wojennym rzemiosłem rycerzy zadziwiać. Nim z Tyńca wyjechał, jeszcze na obchód dóbr swoich musiał wyruszyć, by wszystko w porządku należytym zostawić. Gdy do Wiślicy przybył, okazało się, że poddany jego wielkie niesprawiedliwości czyni, za nic zwierzchnictwo jego mając. Takim był człowiekiem pan na Wiślicy — Wisław. Piękny, postawny, obdarzony darem wymowy, ale w duszy jego czart siedział i do złego go nakłaniał.

Wtrącił Walgierz łotra do wieży, o chlebie i wodzie przykazał trzymać.

— Żegnaj, miła! — rzekł rycerz tyniecki do żony, kiedy wyjazdu czas nadszedł. — Czekaj mnie!

Konia spiął i ruszył w nieznane kraje, ku mieczom, zasadzkom, ku szczękowi bitwy.

Mijały miesiące. Żona Walgierza tęskniła, ale z czasem tęsknotę zabijały szare dni, zastępując ją zapomnieniem i obojętnością...

Stała w oknie, gdy doszedł ją miły głos:

— O piękna pani, z piekieł otchłani więzień dla ciebie pieśń nuci swą.

Głos piękny, słowa niezwykłe, nie słyszała takich od wielu, wielu dni...

— Wypuszczę cię, człeku nieszczęsny, a ty w zamian za łaskę pieśń tę będziesz mi śpiewał zawsze, gdy tylko o to poproszę...

Drgają słowa pieśni w murach... „O piękna... z piekieł... dla ciebie...".

Wyszedł Wisław z więzienia... Chudy, zabiedzony... Ulitowała się nad nim Walgierzowa żona, nakarmić kazała. Odziano Wisława w szaty pana domu. Teraz znów dawnego władcę Wiślicy przypominał!

Przyszła wiosna, a wraz z nią żywsze serca bicie. Cóż poradzić, miłość nie wybiera — zakochała się żona Walgierza we wrogu swego męża i wraz z nim przeniosła się do Wiślicy, by tam dalsze życie prowadzić.

Nie trwała długo sielanka: Walgierz z wojny wrócił, o wszystkim rychło od zaufanych swoich się dowiedział. Ruszyła wyprawa z Tyńca do Wiślicy, a jedno tylko hasło na ich sztandarach: zemsta!

Wisław przygotował podstęp: udał, że pokoju chce, że sprawę całą załagodzi, a tak naprawdę z Walgierzem chciał się rozprawić.

Gdy tylko Walgierz bramę zamku przestąpił, rzuciła się na niego czeladź, szans na obronę mu nie dając. Tyle wygrywał pojedynków, tyle głów ścinał i pancerzy rozpruwał jednym miecza pociągnięciem. Dlaczego jeszcze ten jeden raz udać mu się nie mogło? Leży pokonany Walgierz w lochu, za posłanie kamienie ma, głowę na wiązce słomy złożył.

Wisław nogą trącił swego pobitego wroga.

— W ciemnicy zgnijesz! Trzeba ci było ze mną za bary się nie brać! Ja zawsze zwyciężam!

Na długie lata trafił Walgierz do wiślickiej wieży, gdzie łańcuchem do ściany przytwierdzony został, chłód, głód i niedostatek wszelki cierpiąc.

Lecz nie kończy się jeszcze ta historia ponura, nie czas jeszcze na finał i ostateczne sprawy zamknięcie! Bo oto w Walgierzu zakochała się siostra Wisława, razem z sercem pomoc w ucieczce mu ofiarując.

— Oto miecz, kochany, nim utorujesz drogę. Konie na nas czekać będą pod lasem... Wyjedziemy...

Zaczerpnął powietrza Walgierz.

— Tak będzie, ale jedną sprawę zakończyć muszę. Rachunki wyrównać.

Próżno błagała go zakochana dziewczyna, by oszczędził jej brata, by nowych krzywd nie czynił, nowych ran nie otwierał.

Wdarł się Walgierz na komnaty wiślickie. Miecz o kamienną zadzwonił podłogę... Zginęli: wiarołomna żona i pan na Wiślicy.

Źle los nieszczęsnego Walgierza się potoczył. Cóż, że wyjechał z nową ukochaną, cóż, że miłość sobie obiecali, skoro szczęścia już biedny rycerz zaznać nie mógł. Wrócił po latach do Tyńca, ukochaną od siebie odprawiwszy. Rzadko go z kimś widywano, jeśli już, to z katem, z którym przez noce długie lubił czasem rozmowy prowadzić — ale o czym? Tego się już tylko, niepewni, domyślać możemy...

Rynek Główny

Krakowski Rynek... Powiadają, że to jeden z najwspanialszych placów Europy. Jest tu wszystko: przestrzeń, stare kamienice, bajkowa atmosfera, wieki tradycji i szare piórka gołębi karmionych przez kwiaciarki. Jest muzyka (zawsze!), są smoki (często), jamniki (raz w roku) i kiermasze (z okazji świąt). Jest też oczywiście Adam Mickiewicz, bez którego krakowski Rynek nie byłby Rynkiem.

Dziewczynka w krakowskim stroju

Dorożki przed Sukiennicami

I tak spacerujemy sobie: od Sukiennic do kościoła Mariackiego, od kościoła Mariackiego do Pałacu Pod Baranami, od Pałacu pod Ratusz, a potem do malutkiego kościółka św. Wojciecha... Czas na krakowskim Rynku płynie zupełnie inaczej. Wolniej. Spokojniej. Przekonajcie się zresztą sami... Zapraszamy!

Szary mieszkaniec krakowskiego Rynku

Gołębia drużyna

Gołębie... Tyle ich na krakowskim Rynku... Przechadzają się dumne — wcale niestrachliwe... Sypnij im zboża, a wnet zlecą się: szare, brązowe, z siwymi przepaskami, czarnym połyskiem. Nie odgonisz ich, gdy odejść same nie zechcą, bo krakowskie gołębie nie boją się ludzi! Nic dziwnego, wszak nie zwykłe to ptaki, ale rycerze w ptasie pióra przyodziani, serca w nich biją mężne, jak na wojów przystało.

Działo się to za czasów Henryka IV Prawego. Zasiadał książę na tronie krakowskim, ale królewska korona mu się marzyła, berło, pod którym ziemie zjednoczyć mógłby. Wiadomo jednak, że taki pomysł nie tylko głowa musi zrodzić, ale i kieszeń sowicie wesprzeć. Skąd złoto wziąć? Jak je do realizacji planów swych pozyskać?

Myślał książę Henryk i myślał, ale nic z myślenia tego nie wychodziło. A że poddawać się nie lubił, do czarownicy samotnie, bez orszaku książęcego się udał i o radę poprosił. Wpatrzyła się w książęce oczy czarownica.

— Dobrze, pomogę ci — rzekła wreszcie. — Swoich najdzielniejszych wojów jutro z rana do mnie przyprowadź, ale pamiętaj — kwiat to książęcej drużyny być musi, sami najprzedniejsi rycerze!

Stało się tak, jak chciała czarownica. Kocioł buchał, zioła pachniały słodyczą i pobliską rzeką. Czarownica nakryła głowę kapturem, po czym wyciągnęła przed siebie ręce. Patrzyli zdziwieni i zalęknieni wojowie, bo choć każdy z nich kiedyś zamawianie czarnoksięskie widział, to jednak przedmiotem jego nigdy nie był. Niebo zasnuło się ciężkimi chmurami i w tej samej chwili drużyna wojów w stadko gołębi się przemieniła!

— Lećcie na chmur wysokość, ze skrzydeł swych osłonę dla ziemi uczyńcie!

Henryk zmarszczył gniewnie czoło, bo zmiana takowa żadną miarą złota mu przysporzyć nie mogła.

— Na co innego liczyłem! A ty nie dość, że złota dać mi nie potrafisz, to jeszcze wojów mi odbierasz, w niebo ich pod postacią gołębi wysyłając!

Pokręciła głową czarownica.

— Cierpliwości uczyć się powinieneś, bo to dla władcy cecha wielkiej wagi! Nie złota ci trzeba, ale cierpliwości!

Ale Henryk machnął tylko ręką, chcąc jak najszybciej odejść z tego miejsca, by nie widzieć gołębi, które w niebo wzbić się teraz chciały.

Czarownica tłumaczyła mu dalej:

— Wrócą do ciebie gołębie, wrócą. A każdy złota grudkę w dziobie przyniesie! Stąd bogactwo twoje początek weźmie!

Jak zapowiedziała czarownica, tak się dziać poczęło. Henryk rychło swój skarbiec złotem napełnił, a gdy było go już na tyle, że zabiegać mógł o koronę, ruszył do Rzymu, by poparcie papieża zyskać.

— Żegnaj, dzielna drużyno! — rzekł do gołębi, które mur obsiadły, wpatrując się w swego władcę. — Wrócę niedługo, a wy postać ludzką wtedy odzyskacie.

Jedzie Henryk i jedzie, do Rzymu droga daleka. Tu się zatrzyma, tu na popas dłuższy przystanie. Nie oszczędza złota. Uczty wystawne, prezenty dla książąt, którzy orszak krakowski goszczą — wszystko tak kosztowne, że przyćmiewa cesarską hojność.

— Rzym daleko?

— Daleko, panie!

Nim jednak wzgórza Rzymu Henryk zobaczył, okazało się, że skarbiec pusty już, niby staw w czas spiekoty z ostatniej kropli osuszony. I co robić teraz? Do Krakowa chyba przyjdzie z pustymi rękami wrócić. Nie, do takiej hańby Henryk dopuścić nie może...

Nie wrócił książę do swej stolicy. A i jego drużyna nigdy ludzkiej postaci nie odzyskała. Zaklęta w gołębie, po dziś dzień przesiaduje na miejskich murach, do swego pana tęskniąc. Złota tylko już nikomu nie przynosi. Komu zresztą przynosić by miała, jeśli księcia Henryka na tronie krakowskim już od wieków wielu nie ma...

Podgórze

Kościółek św. Benedykta otwarty jest tylko dwa razy w roku: w dzień św. Benedykta 21 marca i we wtorek po Wielkanocy w czasie rękawki

Podgórze to obecnie dzielnica Krakowa, ale jeszcze nie tak dawno, do roku 1915, było osobnym miastem, oddzielonym od starego Krakowa linią Wisły. Jedną z atrakcji Podgórza jest kopiec Krakusa — wzniesienie usypane przed wiekami ku czci legendarnego władcy. Jest tu też Wzgórze Lasoty z malutkim kościółkiem św. Benedykta i poaustriackim fortem. Ciekawe to miejsce, z niezwykłą legendą w tle. A jeśli dodać do tego fakt, że przed wiekami wzgórze było miejscem straceń skazańców, to dreszcz przechodzi po plecach. Posłuchajcie zresztą, co się dawniej tutaj przytrafiało...

Rękawkę obchodzi się we wtorek po Wielkanocy. Nazwa zwyczaju wiąże się z legendą o powstaniu kopca Kraka – ziemię, z której usypano kopiec, noszono w rękawach. Zwyczaj rękawki, polegający na zrzucaniu ze wzgórza pokarmów i monet ubogim, miał upamiętnić stypę, jaka odbyła się po usypaniu kopca. Obecnie rękawka to festyn połączony z kiermaszem.

Kopiec Krakusa

Czarna Dama

Nadpłynął wielki, granatowy wieloryb chmur i połknął gwiazdy. Nie ma gwiazd, nie ma księżyca. Grzmot potoczył się po niebie, jakby jakiś olbrzym przeskakiwał ze wschodu na zachód. Burza. Zupełnie jak wtedy… Wtedy? Wtedy, kiedy umierała księżniczka. Dobry Boże, ile to już lat, ile wieków temu… Kupcy nie chodzą już handlowym szlakiem z Węgier do Polski, przez Kraków do Bałtyku. A i księżniczka nie pomnaża swych bogactw, napadając w zmowie z grasantami na kupieckie orszaki. W tę noc, gdy wokół kopca Krakusa i wzgórza Na Zbóju szalała potężna burza, Bóg wezwał jej duszę na sąd.

Złe serce miała księżniczka, życie niegodne wiodła. Nic dziwnego, że nie zaznała po śmierci spokoju: jej duch błąkał się po opuszczonym dworze, okiennicami trzaskał, zawodził głosem nieludzkim. Zburzono dwór księżniczki, rozebrano belka po belce, a na koniec spalono to wszystko w wigilię świętego Jana, bacząc, by ani jedna drzazga z przeklętego miejsca nie ustrzegła się oczyszczających płomieni. Na miejscu dworu stanął kościółek, niewielki, drewniany, z wieżyczką jedną i dzwonnicą, co jeden tylko dzwon miała. Ale nawet obecność świątyni nie pomogła. Duch księżniczki każdej nocy pojawiał się, poruszał dzwon o północy i wrotami kościoła szarpał.

— Czarna Dama — szeptano z lękiem. — Pokutę swą wypełnia...

Mieszkańcy okoliczni posłali więc po pustelnika, człowieka wielkiej wiary i o obyczajach świętych.

— Zaradź... — prosili.

Westchnął świątobliwy mąż, dłonie złożył nabożnie, pomoc obiecał. Przeniósł się ze swojej pustelni pod wierzbę przy kościele. Siadł i różaniec odmawiając, zjawy wypatrywał.

Już w następną noc ujrzał Czarną Damę wyłaniającą się z kościółka pobudowanego na miejscu przeklętego dworu. Wiatr wiał mocny, drzewami ruszał; ciemno, strasznie... Nie przeląkł się jednak pustelnik. Znak krzyża uczynił i pyta:

— Czego żądasz, duszo niespokojna?

Opowiedziała Czarna Dama swą historię, krwawą historię, w której bogactwo z krzywdą ludzką się mieszało.

— Odzyskam spokój, jeśli ktoś przez rok i siedem tygodni co dzień wyda po sto talarów, ale sam, na swoje potrzeby, ku uciesze własnej — zakończyła swoją opowieść.

Żal trochę zjawy, choć piekielne ma obyczaje i za żywota grzesznicą wielką była, to przecież za przewiny swe już karę poniosła.

— Znajdę kogoś takiego — obiecał pustelnik. — Możesz mi wierzyć.

Los sprawił, że bawił w okolicy żołnierz pewien, po wojnie skończonej do domu zmierzający.

— Potrafiłbyś ty sto talarów dziennie wydać na uciechy? — zapytał go pustelnik, gdy spotkali się u podnóża kopca Krakusa.

Zaśmiał się żołnierz.

— A i pewnie, nie takie to trudne. Zarobić? Co to, to nie. Ale wydać? Ha, potrafię, jeszcze jak!

— Duszy cierpiącej pomożesz, a sam przez rok nie będziesz musiał się troszczyć o nic. Pamiętaj jednak — ostrzegł go święty mąż — sam wydajesz talary na siebie, nie dzielisz się z nikim i nie dbasz o nikogo. Sam!

Skubnął wąsa żołnierz, podniósł wzrok na pustelnika, ale ten pokiwał tylko siwą głową i powtórzył:

— Sam!

Sto talarów bitych w srebrze czekało odtąd na żołnierza w pniu starej wierzby po lewej stronie dzwonnicy. Hulajmy! Hej, zabawa na całego! Wojak, już w nowe szaty strojny, stare mieczem pociął i do Wisły wrzucił. Jak pan możny teraz wygląda, tylko gestu pańskiego nie ma. Pilnuje się, by komuś przypadkiem garnuszka gorzałki nie postawić albo do stołu na kapustę ze słoniną nie zaprosić. Przymawiają się różni, jak to zawsze w takich sytuacjach bywa, ale żołnierz odpędza natrętów. Dobrze pamięta o warunkach. Sam na własne potrzeby sto talarów srebrnych co dzień wydaje. Minął tydzień, potem drugi i trzeci, miesiąc, dwa, pół roku. Przejadło się żołnierzowi takie sobkowe życie, ale słowo dał i z umowy chce się wywiązać.

Z dnia na dzień żołnierz, coraz bardziej znudzony, nowe karety ogląda, nowych koni dosiada, nowe gatunki skóry z Północy sprowadzane próbuje. Od dań egzotycznych uginają się stoły... Rok minął, ile jeszcze? Siedem tygodni! A niech to, wytrzyma, choć dość już ma wystawnego życia. Co po takim życiu, co po bogactwie, jeśli nie ma do kogo gęby otworzyć, a jeśli już, to po to tylko, by powiedzieć „nie"... Nie, nie, nie, wiecznie nie!

Nadszedł wreszcie wyczekiwany dzień. Do późna przeciągnęła się biesiada, wystawna jak zwykle, wcale nie smutna, choć ostatnia już. Nie znajdzie jutro wojak sakiewki w starej wierzbie przy dzwonnicy, choćby i pół dnia szukał. Co tam, zabawił się niezgorzej i duszy cierpiącej pomógł... Wyszedł wojak z karczmy, czapkę na tył głowy przesunął i pot z czoła starł. Wody jeszcze przed snem się napije, wody chłodnej, smacznej. Stanął przy studni, zakręcił korbą.

— Dwie dziurki w nosie i skończyło się — zanucił, a echo studzienne odbiło głos. Za studnią poruszył się jakiś cień.

— Ejże, towarzyszu, wspomóż nędzarza. Ja z wojny, jako i ty. Dalej, towarzyszu, poratuj nędznika — zachrypiał cień.

Żal trochę żebraka. Na wojnie swoje wycierpiał. Dać by mu talarka, ale jak, skoro z nikim się dzielić żołnierz nie może? Zaraz, chyba że...

— Po północku już będzie, nieszczęśniku?

— A pewnie, dawno już dwunasta biła, nowe się zaczęło.

A zatem nie obowiązuje już umowa, wojak co chce, może robić, z każdym wedle własnej woli się dzielić.

— No to masz srebrnego talara, nowe ubranie sobie spraw — powiedział żołnierz i rzucił ostatni pieniążek żebrakowi.

Złapał cień talara i chichot przeszył nocną ciszę. Potężnieje cień, rośnie, już nie żebrak to, ale diabeł, co oszustwem żołnierza do złamania umowy nakłonił. Kwadransa do północy zabrakło, dzień nowy się nie zaczął!

Nadpłynął wielki, granatowy wieloryb chmur i połknął gwiazdy. Nie ma gwiazd, nie ma księżyca. Grzmot toczy się po niebie, tłumiąc łkania Czarnej Damy, która po dziś dzień cierpi za grzechy swojego żywota.

Krzysztofory

Kamienica Pod Krzysztofory widziana od strony Rynku

Przy Rynku i ulicy Szczepańskiej wznosi się kamienica Pod Krzysztofory, uważana za jeden z najpiękniejszych pałaców Krakowa. Wyjaśnienie dość tajemniczej nazwy tkwi w rzeźbie świętego Krzysztofa, który — choć miał na głowie wielu innych dopraszających się opieki — patronował również krakowskiej kamienicy. Pałac powstał z połączenia kilku sąsiednich budynków i od dawna był przedmiotem podziwu.

Jaki skarb był ukryty w kamienicy Pod Krzysztofory, tego nikt nie wie

Jednak tak to czasem bywa, że podziw miesza się ze strachem. Również w tym przypadku ludzie zaczęli opowiadać niestworzone historie o diable, który w lochu mieszkał, pilnując skarbów niejakiego Krzysztofa.

Dzisiaj zrobiło się tu spokojniej: w kamienicy Pod Krzysztofory mieści się Muzeum Historyczne Miasta Krakowa i galeria. Koniecznie musicie tu obejrzeć wystawę krakowskich szopek!

O krzysztoforskich lochach

Któż wiedzieć może, jakie historie skrywają stare podziemia krakowskich kamienic... W jednej z nich, pałacu zwanym Pod Krzysztofory, mieszkał Krzysztof, którego za czarnoksiężnika uważano, umiejętności magiczne mu przypisując. Coś na rzeczy musiało być, bo Krzysztof majątku wielkiego w krótkim czasie się dorobił, choć nikt powiedzieć nie umiał, skąd ta majętność wziąć się mogła. Skarby swe w piwnicach pałacu chował, nie chcąc się z nimi obnosić. Ludzie gadać zaczęli, że skarbów owych pilnuje sam diabeł, którego do usługiwania Krzysztof czarami zmusił. Posłuchajcie dalej, posłuchajcie, bo plotka ta prawdą się okazała!

Miał Krzysztof służącą, która obiady mu gotowała i dwa razy w tygodniu porządki w pałacu robiła. Gdy sprzątać poczynała, Krzysztof wolał na miasto wyruszać, żeby służącej w pracy nie wadzić, a diabeł skarbnik w najciemniejsze lochu zakątki się zaszywał, by przypadkiem miotłą po rogatym łbie nie dostać.

Pewnego razu tak się zdarzyło, że umknąć przed gosposią nie zdążył i przycupnął pod łóżkiem, ledwie dysząc ze strachu. Wiadomo jednak, że pod łóżkiem długo wysiedzieć nie można. Postanowił więc diabeł w koguta się przemienić i do swoich podziemi czym prędzej uciec. Jak pomyślał, tak zrobił. Szast, prast i spod łożnicy kogut wielki wyskoczył. Służąca szeroko otworzyła oczy ze zdziwienia.

— W samą porę się zjawiasz, kochanieńki, w samą porę, bom sobie właśnie głowę łamała, co by tu dzisiaj na obiad panu Krzysztofowi przyrządzić! I masz — rosół będzie!

Odłożyła gosposia miotłę i dalej za kogutem gonić, by go życia pozbawić i do garnka wrzucić.

Oj, wystraszył się diabeł-kogut nie na żarty. Obijał się o ściany, skakał przez stół, zanim wreszcie do sieni wypadł, a tam drogę właściwą do lochów odnalazł.

Ale nie dała za wygraną służąca. Nóż wielki pochwyciwszy, za kogutem do podziemi raźno wskoczyła.

— Mam cię, łobuzie! — krzyknęła, gdy kogut strachem zaślepiony od beczki z winem się odbił i na haki, na których boczki się wiesza, wpadł. Ucieczki stąd żadnej nie ma, bo z prawej haki, z lewej ściana, a naprzeciw okrutna baba z wielkim nożem i żądzą mordu w oczach.

— Po co ja dziś z piwnicy mojej wyłaziłem — załkał diabeł w koguta zmieniony. — Nie lepiej mi to było na talarach sobie spać albo na sztabkach złotych z pająkami w karty pogrywać?

Ba, pewnie, że lepiej... Ale co zrobić, czasu się nie cofnie... Zamiast płakać, myśleć trzeba, jak z opresji się wydobyć.

— Dobra! Dobra! Poczekaj — przemówił diabeł. — Zostaw mnie przy życiu, a wynagrodzę cię tak sowicie, że już nigdy więcej nie będziesz musiała u ludzi sprzątać ani polewek gotować!

Powinna się przestraszyć służąca, że kogut głosem ludzkim do niej przemawia, ale w tamtych czasach różne dziwne rzeczy wokół ludzi się przytrafiały — w każdym razie dużo częściej niż dzisiaj.

— A kim ty, do licha, jesteś?

Westchnął ciężko diabeł, bo przedstawiać się z natury swojej nie lubił.

— Diabeł jestem. Ten, który skarbów pana Krzysztofa w lochach pilnuje.

— Ten, o którym na mieście gadają?

— Ten sam.

— I ten, którego Krzysztof czarami do służby przymusił?

— Tak, tak, tak! Ten!

Pokiwała głową służąca. Cóż: z obiadu nic, ale kogo by obiad obszedł, gdy w zamian obiecuje się skarby dostatnie życie zapewniające!

— Dobrze. Chcę talarów i złota!

Poszli głębiej w lochy.

— Bierz, ile tylko unieść zdołasz. Ale warunek jeden stawiam: kiedy już wybierzesz to, co chcesz ze sobą na górę zabrać, iść musisz, za siebie się nie oglądając. Już i tak dość kłopotów mi sprawiłaś, żebym jeszcze przez ciebie resztki tajemniczości stracił. Bo przecież jak język w obrót puścisz, to od Bramy Floriańskiej po Wawel wszyscy wiedzieć będą, jak wyglądam!

Zgodziła się służąca głowy nie odwracać, gdy z piwnicy wychodzić będzie. Ciężko jej iść, bo skarbów tyle do chusty nabrała, że ku ziemi się pochyla, by to wszystko unieść. Idzie, idzie, idzie... Schody już blisko... Chwila odpoczynku... A może... A może by tak... Przecież diabeł nie zauważy... O, pod czepkiem się skryć można, głowę obrócić... Ciekawe też, jak ten diabeł krzysztoforski wygląda...

Rzuca okiem służąca za siebie... Nic nie widzi... Chustę poprawiła i teraz już całą sobą się obraca. Zaraz, zaraz, gdzie ten kogut? Już na powrót w diabła zmieniony?

Huknęło wtedy coś z mocą straszliwą, mury się zatrzęsły... Wali się piwnica, kamienie z ogromną siłą spadają... Ledwo głowę całą unieść służąca zdołała! Usiadła na zydlu, szuka choćby resztek skarbów, które jeszcze minutę temu przy sobie miała. Nie ma ani złota, ani talarów, ani kosztowności... Jedynie pióro kogucie w kieszeń sukni jakoś się zaplątało...

I tak to bywa. W życiu idą ramię w ramię chciwość z ciekawością, codzienne z niezwykłym, a czasem złoto z kogucim piórkiem...

Twardowski w Krakowie

Twardowski... Istniał? Nie istniał? A jeśli faktycznie stąpał po krakowskim bruku, to czy naprawdę posiadł moc czarnoksięską, o którą go podejrzewano? A może był zwykłym szarlatanem, potrafiącym kpić nie tylko z tłumów mieszczan, ale nawet z króla Zygmunta Augusta? Trudno o jednoznaczną odpowiedź.

Na wawelskim wzgórzu

Ale nie odmawiajmy sobie przyjemności wiary w legendy! A skoro już uwierzyliśmy w istnienie pana Twardowskiego, przyjrzyjmy się miejscom, z którymi w Krakowie był związany. Wiadomo, że bywał na Wawelu u króla. Widywano go ponoć również w Podgórzu, gdzie wśród skał miał mieć nawet swoją czarnoksięską pracownię.

Lecz gdzie stać miałaby karczma ,,Rzym"? Zapewne nie w centrum miasta, bo przecież Twardowski musiał udać się do niej konno. A zatem gdzieś na obrzeżach lub pod miastem. Trudno dziś doszukać się choćby szczątków owego ,,Rzymu".

W pracowni alchemika

Pan Twardowski

Złoto, złoto... Ilu ludziom zawróciło w głowach, ilu przywiodło do zguby! Posłuchajcie opowieści o pewnym szlachcicu, potomku starego krakowskiego rodu Twardowskich.

Już dymią alchemiczne naczynia, z kotła nad paleniskiem unosi się czerwony obłok — mistrz Jan Twardowski poszukuje recepty na zamianę zwykłych kamieni w złoto. Znów nic! Czerwony obłok rozwiewa się i w kotle leżą szare, pospolite kamyki. Cała praca na darmo...

Puk! Puk! Kto tam? Twardowski przeciera zmęczone oczy, bo wciąż nie wierzy. Znam cię, jegomościu! Diabeł! Rogi jak trzeba, kopyta iście diabelskie, ogon i capia bródka.

— Czego chcesz? — pyta Twardowski.

— Niewiele. Duszy — szepcze diabeł.

— Co w zamian? — Twardowski ściska skronie, bo czuje, że w głowie wieje wicher, huczy huragan, jakiego nigdy nie widział. — Co w zamian?

— Moc. Władza. I tyle złota, ile zechcesz — syczy do ucha diabeł, a jego oddech parzy i jest jeszcze gorszy od huraganu pod czaszką.

— Masz mieszek. Zważ go. No, zważ... Prawda, że ciężki? A zważ duszę! Dusza nie waży nic, panie Twardowski — znaczy: nic nie jest warta.

Wiatr porywisty, gorący w głowie, a diabeł kusi, namawia. Zgodził się wreszcie Twardowski, sprzedał duszę, własną krwią podpisał cyrograf.

— Będziesz w Rzymie — oddasz co moje, a teraz używaj bogactw i władzy — powiedział diabeł i zniknął.

Zmieniło się odtąd życie uczonego Twardowskiego. Widywano go nieraz jak przelatywał nad Wawelem na ogromnym kogucie lub przechadzał się nocą nad Rynkiem, niczym linoskoczek na linie. Znikła gdzieś uczona powaga mistrza. Śmieje się całym gardłem, wymyśla coraz to nowe figle.

Raz przywiąże statecznych mieszczan do wskazówek zegara na wieży, kiedy indziej wmówi przyjezdnemu szlachcicowi, że ten jest kurą i sypie mu ziarno z czapki, i patrzy, jak szlachetka gdacze, zbiera ziarna i potrząsa ramionami, jakby miał skrzydła. Ale zaraz po śmiechu przychodzi smutek dwa razy większy. Cóż po złocie... I po mocy cóż, jeśli nieczysta, od diabła pochodząca? Zburzyłby Twardowski ten Rzym, z ziemią by zrównał, ale spełnienia tego jednego rozkazu diabeł odmawia.

— Podpisałeś cyrograf — powtarza. — Czekam cię w Rzymie!

Więc wymyśla Twardowski najdziwniejsze życzenia, byle tylko diabła zająć i zaleźć mu za diabelską skórę. Ani myśli jechać do Rzymu.

Ale choć dusza diabłu zaprzedana, serce ludzkie. Sypnie czasem Twardowski grosiwem biednym ludziom z wysoka: na kogucie leci, dukaty rzuca i kiwa przyjaźnie głową.

Czasami skinieniem ręki uratuje podróżnego, którego zbóje niepołomiccy w niewolę wzięli. Albo krzywdziciela sierot przepędzi, gdzie pieprz rośnie. Ale do Rzymu się nie wybiera, na samo słowo drży i ręką maca szabli.

Zdarzało się Twardowskiemu leczyć ludzi. Widok człowieka ozdrowionego pozwalał zapomnieć o cyrografie, straconej duszy, diable.

— Mości Twardowski, łaski się dopraszamy — matuś zachorzała...

Albo też:

— Dobrodzieju, dzieciątko w potrzebie, przyjedź — prosili ludzie.

I Twardowski jechał, a za leczenie nic nie brał, a czasem jeszcze ze swojej sakiewki coś dołożył, kiedy widział, że w rodzinie niedostatek.

Nie wahał się więc, gdy poproszono go pewnego razu o zbadanie włoskiego kupca, który zatrzymał się w pobliskiej karczmie i niespodziewanie na nieznaną żadnemu z lekarzy chorobę zaniemógł. Ruszył Twardowski co koń wyskoczy, a za nim leciał towarzysz nieodłączny — ogromny kogut z krwawym grzebieniem.

Dlaczego Twardowski nie widział ostrzeżeń? Dlaczego nie zastanowił się, skąd ten wicher, ten gorący, zły wicher wypełniający mu głowę? A zapach siarki? A te drzwi, które same otwarły się przed wchodzącymi? A trzy puchacze krążące nad karczmą? Próżno dziś nad tym dumać...

Zamykane drzwi karczmy odsłoniły szyld „RZYM". Twardowski był w Rzymie, zaledwie kilka mil od Krakowa ujechawszy!

Uniósł diabeł ciało i duszę Twardowskiego do piekła, a droga wiodła przez księżyc. A na księżycu, wiadomo, jest drogowskaz: piekło — niebo.

— Do piekła! — zawołał diabeł i skręcił w stronę piekielnych czeluści.

Ktoś jednak przytrzymał go za ramię.

— Nie jest twój — powiedział anioł.

— Ani wasz — odciął się diabeł.

— Ani nasz — zgodził się anioł. — Dlatego zostanie w połowie drogi, na księżycu — dodał. — Precz! — rozkazał diabłu, a potem do Twardowskiego się zwrócił.

— Uratowały cię modlitwy biedaków obdarowanych dukatami. Westchnienia sierot, które obroniłeś. Msza ofiarowana za ciebie przez szlachcica uwolnionego z rąk niepołomickich grasantów. Ale i tak wiele masz na sumieniu. Pokutuj na księżycu.

Został Twardowski tam, gdzie przykazał mu anioł. Przepadło wszystko co miał, nie przyjdzie nic, co mógłby mieć.

Powiadają, że każdy dostaje w końcu to, o co prosi. Może to i prawda. Twardowski szukał bogactwa i dostał złoty pieniążek księżyca, na którym czeka końca swych dni. Ale koniec nie następuje, bo choć dusza nic nie waży, to przecież jest wieczna.

Klasztor Norbertanek

Pęknięty dzwon rozbrzmiewał do 1917 roku, kiedy to Austriacy przejęli go i przetopili na armaty

Najpiękniej wygląda od strony Wisły: w porannym słońcu, z górującym nad nim kopcem Kościuszki. Klasztor Norbertanek ufundowany został w połowie XII stulecia przez rycerza Jaksę Gryfitę. Pierwotnie zabudowania były drewniane, murowany obiekt wzniesiono dopiero w wiekach późniejszych. Siostry norbertanki przybyły do Krakowa z Czech; to najstarszy żeński zakon w Polsce. Co roku spod klasztoru wyrusza barwny pochód lajkonika. To pamiątka po wydarzeniach sprzed wieków, kiedy to dzielni włóczkowie nie dość, że odparli tatarski atak, to jeszcze wzięli jeńców i łupy.

Klasztor i przylegający do niego kościół Świętych Augustyna i Jana Chrzciciela warto odwiedzić w drugi dzień świąt Wielkiej Nocy, kiedy odbywa się tu tradycyjny odpust emaus, pełen kramów, kolorów i gwaru. Odliczajmy więc dni do najbliższej Wielkanocy, obserwując, jak czas upływa niczym szare wody Wisły pod starym klasztorem Norbertanek.

Klasztor Norbertanek — widok od strony Wisły

Dzwon z klasztoru Norbertanek

W szlachetnych dźwiękach dzwonów rozmaite się kryją opowieści. Każdy dzwon inny ma głos, bo i każdy inną baśń wyśpiewuje, inne nuty spiżowe w każdym są schowane. Posłuchajcie tej opowieści...

Najazdy tatarskie kraj pustoszyły, zgliszcza tylko po nich zostawały. Cierpiał również Kraków, zdobywany przez bezlitosnych najeźdźców, którym skarby miasta się marzyły. O łupy w okolicy łatwo było, bo przecież ważne szlaki handlowe tędy przebiegały i wystarczyło większym oddziałem przy gościńcu się zaczaić, by karawanę kupiecką rozbić, towar i kosztowności skraść, a ludzi albo życia pozbawić, albo jako niewolników sznurami powiązanych na wschód pognać.

Zdarzyło się, że pewien bogaty kupiec uciekał przed tatarską watahą ku Wiśle, ku klasztorowi Norbertanek.

— Prom tam ma być! Daj Bóg, po naszej stronie Wisły będzie czekał! Może uda się życie ocalić...

Strzały tatarskie przeszywały płócienną budę wozu, koła o mało co od uderzeń w kamienie przydrożne zupełnie nie poodpadały. Gnali na złamanie karku! Zaryły końskie kopyta w nadwiślański piach, oto i koniec ucieczki, dalej już woda, Wisły fale — nie ma przeprawy!

— Śmierć z rąk tatarskich! — zapłakał pomocnik kupca. — Śmierć!

— Z wozu! — ryknął kupiec. — Chyba, że rzeczywiście w ręce Tatarów chcesz się dostać!

Porzucili wóz z towarem i kosztownościami, konie wolno rozpuścili.

— Płyńmy, w imię Boże — przeżegnał się kupiec i nim Tatarzy nad brzeg wiślany nadjechali, wraz z pomocnikiem w odmętach rzeki się schował, głowę w wodzie zanurzając co chwila, by go wypatrzyć nie było zbyt łatwo. Ocalał kupiec i jego pomocnik. Z wdzięczności i szczęścia, że życie im Pan Bóg darował, postanowili ufundować klasztorowi nowy dzwon.

Po miesiącu kupiec pieniądze przysłał z prośbą, by siostry — ilekroć dźwięk dzwonu posłyszą — modlitwę za niego odmawiać zechciały. Nie byle jaki miał to być dzwon: w stopie metali jedną trzecią srebro stanowić miało, by brzmienie jak najszlachetniejsze uzyskać.

Najęto ludwisarza, który z zapałem wziął się do pracy. Wkrótce odlano dzwon. Czekają wszyscy, by dzieło ujrzeć: siostry zakonne, kupiec, sam

mistrz ludwisarski. Patrzą i oczom nie wierzą — przez dzwon rysa biegnie, znaczne pęknięcie, które kunszt cały psuje!

Nachmurzył się ludwisarz, pierwszy raz taka przygoda go w życiu spotkała. Nabrał powietrza i powiada tak:

— Moja to zapewne wina, choć nigdym jeszcze roboty swej nie zepsuł, jak żyję. Dzwon nowy wykonam, a jeśli trzeba będzie coś ponad to, co mi zapłacono, dołożyć, z własnej sakiewki dorzucę.

Jeszcze tego samego dnia zabrał się do pracy. I znowu zaproszeni goście do odebrania zamówienia się szykują. Teraz na pewno ludwisarzowi się udało! Wszystkim śpieszno nowe dzieło ujrzeć! Jęk wyrwał się z gardła mistrza. Śnić mu się to musi! Ale nie, nie sen to, lecz jawa okrutna: drugi dzwon w tym samym miejscu jest pęknięty! Zrezygnował ludwisarz z wykonania pracy, zwrócił pieniądze i jeszcze duży datek na klasztor dał.

— Nic tu poradzić nie mogę... Nie wiem, co przyczyną być może...

Siostry poszły do innej pracowni; lecz i tutaj przykra je czekała niespodzianka: trzeci dzwon takoż pęknięty jak dwa poprzednie!

— Niech tak zostanie — orzekła po namyśle przełożona. — Znak to widać od Boga dany. Tak być musi.

Zawisł więc pęknięty dzwon w kościele Norbertanek. Inny był jego dźwięk niż wszystkich dzwonów w krakowskich świątyniach. Bo też i zupełnie inną — swoją — historię własnym głosem opowiadał.

Ze Zwierzyńca na Rynek

I oto już w miasto wkracza barwny pochód z lajkonikiem na czele! W pierwszy czwartek po święcie Bożego Ciała krakowskimi ulicami skacze zwierzyniecki konik, dostarczając zabawy i kuksańców zebranym widzom. Od klasztoru Norbertanek na Zwierzyńcu wyrusza ulicą Kościuszki, potem Zwierzyniecką i Franciszkańską, by wreszcie — po bruku Grodzkiej — dotrzeć do Rynku.

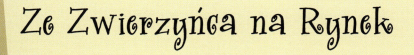

Taniec lajkonika

Strój lajkonika zaprojektował w 1904 roku sam Stanisław Wyspiański. Raz do roku, z okazji lajkonikowego pochodu, strój wypożyczany jest od krakowskiego Muzeum Historycznego. Myślicie, że łatwo wcielić się w postać lajkonika? Wcale nie. Trzeba wam wiedzieć, że strój waży około 40 kilogramów, które przez cały czas trwania pochodu, a nawet trochę dłużej, trzeba na sobie dźwigać!

Ulica Grodzka — fragment kościoła Świętych Piotra i Pawła

Lajkonik

XIII był wiek. Tatarski najazd pustoszył Małopolskę. Obrona przed najeźdźcą trudna była, ale przecież i zwycięstwa się zdarzały, jak to choćby, kiedy dowódcę tatarskiego schwytano i stracono.

Wielka zasługa w tym włóczków, czyli flisaków, którzy drewno po Wiśle spławiali. Oni to obronę zorganizowali, wieść o wrogu nadchodzącym łodziami rozwożąc. Uczernili twarze błotem nadrzecznym, ciała zielonymi gałęziami przystroili i tak, niby krzaki żywe, pod obozowisko Tatarów się dostali.

Rozgorzała walka. Raz Tatarzy włóczków ku łodziom spychają, to znów włóczkowie, drogę sobie długimi wiosłami torując, w głąb obozu się dostają. Los naszym sprzyjał, załamała się tatarska obrona. Zwycięstwo! Zabrzmiały piszczałki i rogi, wielkie ogniska zapalono, by przy ogniu, w szarzejącym świetle świtu, łupy odzyskane oglądać. Broń Tatarów podziwiano, stroje ich wschodnie mierzono — tak właśnie odziani zwycięzcy do Krakowa ruszyli, by nowinę o pokonaniu wrogów miastu przynieść. Na czele wesołego pochodu jechał konno jeden z włóczków.

Jego postać do dziś przetrwała: lajkonikiem jest zwany, co roku harce swe na Rynku wyprawia, by pamięć o zwycięstwie nad Tatarami nie zaginęła.

Mury obronne

Fontanna na Plantach

Aż do II połowy XIII wieku Kraków pozostawał niemal bezbronny: nie miał stosownych fortyfikacji pozwalających odeprzeć ataki wroga. Dopiero za panowania Leszka Czarnego rozpoczęto budowę murów obronnych. Podwójny pas umocnień miał zapewnić miastu bezpieczeństwo. Mur zewnętrzny, niższy, przyjmował na siebie główny ciężar uderzenia. Mur wewnętrzny, na siedem metrów wysoki, był bezpośrednią osłoną grodu. Nad umocnieniami górowały baszty. Było ich w sumie siedemnaście, każda przypisana innemu cechowi rzemieślniczemu. Do miasta prowadziło siedem, ryglowanych na noc, bram.

Barbakan — pozostały element umocnień, dawniej połączony był z Bramą Floriańską

Z czasem miejskie mury przestały pełnić funkcje obronne i zaczęły podupadać. Kruszały kamienie, fosy wypełniły się nieczystościami, okolice przedmurza należały do wyjątkowo niebezpiecznych. Znaczną część murów rozebrano; na ich miejscu w latach 1822—30 powstał okalający miasto park — Planty.

Zemsta czarownicy

Wisła w pogodne wieczory wiele opowiada. Wsłuchaj się dobrze, a niejedno od fal jej usłyszysz... A i tę opowieść nurt wiślany przyniósł...

Podeszli Tatarzy pod miejskie mury. Wsie okoliczne doszczętnie złupili, ale łupów jeszcze niesyci, ku miastu się obrócili. Kraków pierwsze uderzenie z łatwością odparł. Wybito oddział tatarski, który najbliżej podszedł, a nawet udało się dwa razy z grodu wyprawę przedsięwziąć i szkody wielkie w obozowisku najeźdźców poczynić. Niewiele to jednak w ogólnej sytuacji zmieniło, bo Tatarzy nadal pod miastem stali i nie zanosiło się, by blokadę zamierzali przerwać. Odsieczy oczekiwać nie było skąd, pozostawało więc trwać w oblężeniu, licząc na cud albo zwątpienie napastników. Mijały dni, żadnego rozstrzygnięcia nie przynoszące. Nocą obrońcy wpatrywali się w ognie przez Tatarów w obozowisku palone, sami sobie pytanie zadając, ile jeszcze to wszystko trwać będzie...

Tatarzy już nawet ataków bezpośrednich na miejskie mury nie przypuszczali, wiedząc, że obrona zbyt silna jest, do odpierania szturmów dobrze przygotowana.

— Głód nam bramy otworzy — zaśmiał się szyderczo wódz tatarski.

Ale zapasy jadła i wody w Krakowie starczyć mogły na długo, co potwierdziła schwytana przez tatarskich wojowników czarownica.

— Tak miasta nie zdobędziecie, psubraty — zaśmiała się złowrogo.

Wzdrygnął się dowódca Tatarów. Niejedno w życiu widział i w niejeden bój krwawy szedł, lecz śmiech wiedźmy o dreszcze go przyprawił.

— I diabeł ci nie pomoże, gdy na męki pójdziesz! — wydyszał gniewnie, oczy w dół obracając, by lęku swego nie pokazać. — Jeśliś wiedźmą, to i sposób na zdobycie warowni znać musisz. Wyjawisz go, przeklęta, nim poranek ze snu się zbudzi.

Lecz czarownica śmiać się tylko zaczęła.

— Męki mi niestraszne, a kto mnie tknąć chciał będzie, sam takiego samego cierpienia doświadczy — zagroziła, śmiech w gardle gasząc. — Zdradzę wam, jak zdobyć miasto, ale nie dlatego, że tortur się boję i bólu ustrzec pragnę, lecz że mi mieszkańcy miasta za skórę zaleźli. Taka zemsta moja będzie! Dla siebie to robię, nie dla was, psie syny!

Przybliżył wódz tatarski twarz swoją do twarzy czarownicy.

— Mów więc, co czynić mamy!

Czarownica ręce do góry wzniosła, jakby z chmur ciemniejących moc magiczną pozyskać chciała.

— Gołębie waszymi są sprzymierzeńcami. Gdy stado całe schwytacie, fasolą w piwie moczoną karmić je przez trzy dni i trzy noce powinniście, by szalone się stały. Potem każdy gołąb zapaloną gałązkę jałowca w dziobie poniesie, którą nad miastem upuści, pożar wielki wzniecając.

— Jakże ptaki w dziobach ogień poniosą, wiedźmo! — warknął Tatar.

— Zaklęciem swoim to sprawię, a jeśli raz jeszcze wiedźmą mnie nazwiesz, uczynię tak, że gołębie ciebie i wojowników twych na strzępy rozszarpią!

Cofnął się tatarski dowódca, nie chciał mieć więcej z wiedźmą do czynienia.

Zrobili Tatarzy tak, jak im czarownica poradziła. Trzy dni minęły, trzy noce przez świat się przetoczyły. Lecą już gołębie. Płonie jałowiec w ich dziobach, a ptaki jak ogniste pociski ku Krakowowi zmierzają. Już są nad grodem, już płomienie domy zajmują, dym czarny buchnął nad dachami.

— Pożar! Miasto płonie!

Obrońcy z murów ustąpili, by ratunek zabudowaniom przez ogień trawionym nieść. Na to tylko czekali Tatarzy. Okrzyk bitewny poniósł się po Wiśle, ruszyły gromady najeźdźców. Czarownica przysiadła na gałęzi drzewa, w milczeniu wszystkiemu się przypatrując.

— Miasto płonąć ma, lecz wam, psubraty, wzbogacić się nie dam! — wyszeptała ochryple wiedźma. — I na to odpowiednie jest zaklęcie!

Ledwo słowa tajemne wypowiedziała, na ziemię padać poczęli Tatarzy, niemocą zdjęci.

Ten w bólach się wije, tamten w nogi swoje jest wpatrzony, bo ruszyć nimi żadną siłą nie może. Załamał się atak, wojownicy czołgać się w stronę swojego obozu zaczęli.

Pożar powoli opanowano, bramy ponownie zabezpieczono i silniejsze straże na wartę wyznaczono. Dogasają zwęglone szczątki, straszą mury osmolone i poszarpane jak sukno po zębach wilczych. Ale miasto ocalało!

Tatarzy na drugi dzień od oblężenia odstąpili. Wódz czarownicę odnaleźć i stracić kazał, ale baba jak kamień w wodę przepadła i nikt jej już więcej nie widział. Odjeżdżali Tatarzy na koniach swych niewysokich, a nad nimi frunęło stadko białych gołębi, które obłokami się karmią i błękitem nieba gaszą pragnienie, niby wodą z niewyczerpanego źródła.

A dumny Kraków stoi po dziś dzień.